문학과지성 시인선 **342**

# 두두

오규원 시집

문학과지성사

**문학과지성사에서 펴낸 오규원의 시집**

왕자가 아닌 한 아이에게(1978; 개정판 1995)
이 땅에 씌어지는 서정시(1981)
가끔은 주목받는 生이고 싶다(1987; 개정판 1994)
사랑의 감옥(1991)
길, 골목, 호텔 그리고 강물소리(1995)
한 잎의 여자(1998, 시선집)
토마토는 붉다 아니 달콤하다(1999)
오규원 시전집 1·2(2002)
새와 나무와 새똥 그리고 돌멩이(2005)
나무 속의 자동차(2008, 동시집)
분명한 사건(2017, 시인선 R)


문학과지성 시인선 342
**두두**

초판 1쇄 발행 2008년 1월 31일
초판 9쇄 발행 2024년 10월 24일

지 은 이 오규원
펴 낸 이 이광호
펴 낸 곳 ㈜문학과지성사
등록번호 제1993-000098호
주　　소 04034 서울 마포구 잔다리로7길 18(서교동 377-20)
전　　화 02)338-7224
팩　　스 02)323-4180(편집) 02)338-7221(영업)
전자우편 moonji@moonji.com
홈페이지 www.moonji.com

ⓒ 오규원, 2008. Printed in Seoul, Korea

ISBN 978-89-320-1836-2 03810

이 책의 판권은 지은이와 ㈜문학과지성사에 있습니다.
양측의 서면 동의 없는 무단 전재 및 복제를 금합니다.

문학과지성 시인선 342
## 두두

오규원

2008

**시인의 말**

한적한 오후다
불타는 오후다
더 잃을 것이 없는 오후다

나는 나무 속에서 자본다

2007. 1. 21
오규원

# 두두

### 차례

**시인의 말**

## 두두

그대와 산　9
봄과 밤　10
4월과 아침　11
봄날과 돌　12
봄과 나비　13
베고니아와 제라늄　14
라일락과 그늘　15
강 건너　16
꽃과 꽃나무　17
나무와 햇볕　18
조팝나무와 새떼들　19
빗소리　20
아이와 강　21
층층나무와 길　22
산과 길　23
덤불과 덩굴　24
여름　25
여자와 굴삭기　26

한낮 27
식빵과 소리 28
저녁 29
길과 길바닥 30
풀과 돌멩이 31
쥐똥나무와 바람 32
발자국과 길 33
새와 그림자 34
새와 날개 35
나무와 허공 36
바람과 발자국 37
겨울 a 38
겨울 b 39
지빠귀와 잡목림 40
눈과 물걸레질 41


## 물물

고요 45
아이와 새 46
빗방울 47
강변 48
여름 49
오후 50
길 51
해가 지고 있었다 52

처서  53
빛과 그림자  54
쑥부쟁이  55
구멍 하나  56
가을이 왔다  57
부처  58
새가 울지 않고 지나갔다  59
잣나무와 나  60
마흔여덟 통의 사랑편지와 다른 한 통의 사랑편지  61

**해설** | '두두'의 최소 사건과 최소 언어 · 이광호  63

두두

## 그대와 산
— 서시

그대 몸이 열리면 거기 산이 있어 해가 솟아오르리라, 계곡의 물이 계곡을 더 깊게 하리라, 밤이 오고 별이 몸을 태워 아침을 맞이하리라

## 봄과 밤

어젯밤 어둠이 울타리 밑에
제비꽃 하나 더 만들어
매달아놓았네
제비꽃 밑에 제비꽃의 그늘도
하나 붙여놓았네

## 4월과 아침

나무에서 생년월일이 같은 잎들이
와르르 태어나
잠시 서로 어리둥절해하네
4월 하고도 맑은 햇빛 쏟아지는 아침

봄날과 돌


어제 밤하늘에 가서 별이 되어 반짝이다가
슬그머니 제자리로 돌아온 돌들이
늦은 아침잠에 단단하게 들어 있네
봄날 하고도 발끝마다 따스한
햇볕 묻어나는 아침

## 봄과 나비

나비 한 마리 급하게 내려와
뜰의 돌 하나를 껴안았습니다

## 베고니아와 제라늄

햇살 환한 베란다의
창턱에는
베고니아와
아이비 제라늄
그리고
캡이 찌그러진
브래지어

## 라일락과 그늘


수놈 강아지가 뒷다리 한쪽을 들고
머리는 아랫배에 붙이고
성기를 핥고 있다
라일락 나무의 보랏빛
그늘에
혼자 누워

## 강 건너

벗고개에는
산오리나무
갈림길에는
표지판 위의 문호와
서후
그리고 대지에는
애기똥풀과
조팝나무

## 꽃과 꽃나무


노오란 산수유꽃이

폭폭, 폭,

박히고 있다

자기 몸의 맨살에

## 나무와 햇볕

산뽕나무 잎 위에 알몸의 햇볕이
가득하게 눕네
그 몸 너무 환하고 부드러워
곁에 있던 새가 비껴 앉네

# 조팝나무와 새떼들
── C형에게


조팝나무에게 흰 피가 도는

사월

그리고

하순

하늘에
쏟아지는 새떼들

# 빗소리

후두두두둑—
뜰을 두들기는 빗소리에
동과 서
남과 북
사방으로 튀는
깝죽새의 울음

## 아이와 강


아이 하나 있습니다
강가에

아이 앞에는 강
아이 뒤에는 길

## 층층나무와 길

바위 옆에는 바위가
자기 몸에 속하지 않는다고
몸 밖에 내놓은
층층나무
한 그루가 있습니다
붉나무도
한 그루 있습니다

## 산과 길

여러 곳이 끊겼어도
길은 길이어서
나무는 비켜서고
바위는 물러앉고
굴러 내린 돌은 그러나
길이 버리지 못하고
들고 있다

덤불과 덩굴


강 건너 돌무덤
강 건너 돌무덤 옆에
돌무덤
옆에
강 건너 여자
옆에
강 건너 애기똥풀

## 여름

잡목림의 가장자리에
바지를 내린 젊은 여자가
쪼그리고 있다
여자 엉덩이를
빤히 쳐다보고 있는
덤불 속의 산몽화(山夢花)

# 여자와 굴삭기

밭에서 일하는 여자의
치마 밑까지 파며
굴삭기 소리 천천히 강을 건너온다

# 한낮

허름한
농가에 털썩 기대놓은
우편물 집배원의
빨간 오토바이
그 위로 매미 울음소리 하나 지나가다
잠시 걸터앉아
'매―' 해보고 가네

## 식빵과 소리


식빵을 얇게 썰어
살짝 굽는다
한 조각 위에
버터를 바르고
한 조각을 덧씌워
종이 냅킨으로 감싸 쥔 뒤
아, 하고
입 가득 넣고 깨문다

바싹!

오후
그리고
4시

## 저녁


저녁 허공을
가로질러 가다
질긴
들불의 연기 한 줄기
군용 헬리콥터
발목을 감고 가네

## 길과 길바닥

풀 한 포기와 나 사이
가을의

돌
하나

## 풀과 돌멩이

길 위의 돌멩이 하나
무심하게 발이 차네
발에 차인 돌멩이
길 옆 풀들이
몸으로 가려 숨기네
그 순간
내 발 아프네

쥐똥나무와 바람


쥐똥나무 울타리에 9월이 세워둔 바람이
나무와 나무 사이 서늘한 그늘에
빳빳하게 서 있다

## 발자국과 길

나무 밑에는 그늘과
그늘에서 뭉개지다가 남은 발자국
그곳으로 가는 길

## 새와 그림자


딱새 한 마리가 잡목림의
산뽕나무에 앉아
가지를 두 발로 내리누르고 있다
딱새의 그림자도
산뽕나무에서 내려가지 못하고
가까운 줄기에 바짝 붙어 있다

## 새와 날개

가지에 걸려 있는 자기 그림자
주섬주섬 걷어내 몸에 붙이고
새 한 마리 날아가네
날개 없는 그림자 땅에 끌리네

## 나무와 허공

잎이 가지를 떠난다 하늘이
그 자리를 허공에 맡긴다

## 바람과 발자국


눈이 자기 몸에 있는 발자국의
깊이를 챙겨간다
미처 챙겨가지 못한 깊이를 바람이
땅속으로 밀어 넣고 있다

겨울 a



콩새가 산수유나무 밑을 뒤지고
오목눈이들이 무리 지어 언덕에서 풀씨를 뒤질 때

식탁 위의 감자튀김(올리브유에 튀긴)
내가 뒤지는

# 겨울 b

배추김치를 텃밭 한구석에 묻고
파김치를 그 옆에 묻고

언덕에서는 잡목림 밑에
발자국을 묻고 있는 지빠귀

## 지빠귀와 잡목림

바스락 소리 한 번에 한 발짝씩
겨울을 가던 잡목림의 지빠귀
문득 사라진 바스락 소리 밑에
잔설에 젖고 있는 낙엽

## 눈과 물걸레질

눈송이들이 조심조심 가지에 앉아 쉬다가
몸을 바꾸어 어디론가 떠나가고 있다
떠나갈 때는 앉았던 자리 모두
깨끗이 치워
물걸레질한 흔적이 한나절 더
남아 있다

물물

## 고요

라일락 나무 밑에는 라일락 나무의 고요가 있다
바람이 나무 밑에서 그림자를 흔들어도 고요는 고요하다
비비추 밑에는 비비추의 고요가 쌓여 있고
때죽나무 밑에는 개미들이 줄을 지어
때죽나무의 고요를 밟으며 가고 있다
창 앞의 장미 한 송이는 위의 고요에서 아래의
고요로 지고 있다

## 아이와 새


나무 한 그루가 몸을 둥글게 하나로
부풀리고 있다
그 옆에 작은 나무 한 그루도
몸을 동그랗게 하나로 부풀리고 있다
아이 하나가 두 팔로
동그랗게 원을 만들어보다가 간다
새 두 마리가 날아오더니
쏙쏙 빨려 들어가 둥근 나무가 된다

## 빗방울


빗방울이 개나리 울타리에 숩-숩-숩-숩 떨어진다

빗방울이 어린 모과나무 가지에 롭-롭-롭-롭 떨어진다

빗방울이 무성한 수국 잎에 톱-톱-톱-톱 떨어진다

빗방울이 잔디밭에 홉-홉-홉-홉 떨어진다

빗방울이 현관 앞 강아지 머리에 돕-돕-돕-돕 떨어진다

## 강변

잠자리들이 허공에 몸을 올려놓고 있다

뜰에는 고요가 꽉 차 있다

잠자리들이 몸으로 부딪쳐도 뜰의 고요는 소리가 나지 않는다

쓰르라미가 쓰— 하고 울려다 그만두어버린다

# 여름

강변에 오토바이를 세워놓고 집배원이
소변을 보고 있다
물줄기가 들찔레를 흔들면서 떨어진다
근처에 있던 뱀이 슬그머니
몸을 감춘다
강은 물이 많이 불었다

# 오후

아침에는 비가 왔었다
마른번개가 몇 번 치고
아이가 하나 가고
그리고
사방에서 오후가 왔었다
돌풍이 한 번 불고
다시 한 번 불고
아이가 간 그 길로
젖은 옷을 입고 여자가 갔다

# 길

길에 그림자는 눕고 사내는 서 있다
앞으로 뻗은 길은 하늘로 들어가고 있다
사내는 그러나 길을 보지 않고 산을 보고
사내의 몸에는 허공이 달라붙어 있다
옷에 붙은 허공이 바람에 펄럭인다
그림자는 그러나 길이 되어 있다

## 해가 지고 있었다

이름 모르는 새가 와서 울었다
배롱나무에서 울었다
배롱나무는 죽었지만 반짝였다
울고 난 새가 그늘에 묻힌
작약이 흔들리는 것을 보았다
고개를 돌려
서산을 반쯤 가린 불두화를 보았다
반쯤 남은 서산을 보았다
그리고 새가 다시 울었고
해가 지고 있었다

## 처서

오후 2시 생협에서 야채 배달을 왔다
개나리 울타리에서 박새가 햇볕을 비집고 솟아올랐다
3시에는 집배원이 오토바이 굉음을 울리며 왔다
우리 집 우편함에 무엇인가 넣었다
집배원이 가자 새로 이사 온 앞집 아이가
사방을 두리번거리더니 우편함을 덜컥 열었다
그러다가 비가 아주 잠깐 왔다

## 빛과 그림자

외딴 집이 자기 그림자를 길게 깔아놓고 있다
햇빛은 그림자 안으로 들어가지 않고
밖으로 조심조심 떨어지고 있다
바람도 그림자를 밀고 가지 않고 그냥 지나간다
그림자 한쪽 위로 굴러가던 낙엽들도 몸에 묻은
그림자를 제자리에 두고 간다

## 쑥부쟁이

길 위로 옆집 여자가 소리 지르며 갔다
여자 뒤를 그 집 개가 짖으며 따라갔다
잠시 후 옆집 사내가 슬리퍼를 끌며 뛰어갔다
옆집 아이가 따라갔다 가다가 길 옆
쑥부쟁이를 발로 툭 차 꺾어놓고 갔다
그리고 길 위로 사람 없는 오후가 왔다

## 구멍 하나

구멍이 하나 있다 바닥이 보이지 않는

지나가는 새의 그림자가 들어왔다가

급히 나와 새와 함께 사라지는 구멍이 하나 있다

때로 바람이 와서 이상한 소리를 내다가

둘이 모두 자취를 감추는 구멍이 하나 있다

# 가을이 왔다

대문을 열고 들어오지 않고 담장을 넘어
현관 앞까지 가을이 왔다
대문 옆의 황매화를 지나
비비추를 지나 돌단풍을 지나
거실 앞 타일 바닥 위까지 가을이 왔다
우리 집 강아지의 오른쪽 귀와
왼쪽 귀 사이로 왔다
창 앞까지 왔다
매미 소리와 매미 소리 사이로
돌과 돌 사이로 왔다
우편함에서 한동안 머물다가 왔다
진구의 엽서 속에 들어 있다가
내 손바닥 위에까지 가을이 왔다

# 부처

남산의 한 중턱에 돌부처가 서 있다
나무들은 모두 부처와 거리를 두고 서 있고
햇빛은 거리 없이 부처의 몸에 붙어 있다
코는 누가 떼어갔어도 코 대신 빛을 담고
빛이 담기지 않는 자리에는 빛 대신 그늘을 담고
언제나 웃고 있다
곁에는 돌들이 드문드문 앉아 있고
지나가던 새 한 마리 부처의 머리에 와 앉는다
깃을 다듬으며 쉬다가 돌아앉아
부처의 한쪽 눈에 똥을 눠놓고 간다
새는 사라지고 부처는
웃는 눈에 붙은 똥을 말리고 있다

# 새가 울지 않고 지나갔다

오전 내내 그는 갈참나무에 기대고 앉아
허공에 잠긴 갈참나무가 되어 있었다
그의 옆에서 돌들도 조용했다
오후 내내 그는 갈참나무 근처를 오가며
서성거리는 갈참나무가 되어 있었다
바람은 불지 않았다
새 한 마리 울지 않고 지나갔다
지는 해가 잠깐 눈부셨다

# 잣나무와 나

뜰 앞의 잣나무로 한 무리의 새가

날아와 자리를 잡고 앉는다

그래도 잣나무는 잣나무로 서 있고

잣나무 앞에서 나는 피가 붉다

발가락이 간지럽다

뒷짐 진 손에 단추가 들어 있다

내 앞에서 눈이 눈이 온다

잣나무 앞에서 나는 몸이 따뜻하다

잣나무 앞에서 나는 입이 있다

## 마흔여덟 통의 사랑편지와
## 다른 한 통의 사랑편지

그는 마흔여덟 통의 사랑편지와
다른 한 통의 사랑편지를 남겼다

마흔여덟 통의 사랑편지와
다른 한 통의 사랑편지는
그의 책상 오른쪽
둘째 서랍에 차곡차곡 쌓여 있었다

마흔여덟 통의 사랑편지는
편지지는 간혹 달랐지만
사랑하는 그대여 로 시작해서
그대를 사랑하는 JS 로 모두 끝났다
마흔여덟 통의 사랑편지는
글씨와 색깔은 간혹 달랐지만
사랑하는 그대여 로 시작해서
그대를 사랑하는 JS 로 모두 끝났다
마흔여덟 통의 사랑편지는
내용이 간혹 덧붙여지고

또 간혹 지워졌지만
사랑하는 그대여 로 시작해서
그대를 사랑하는 JS 로 모두 끝났다

마흔여덟 통의 사랑편지와는 달리
다른 한 통의 사랑편지는
나의 사랑 그대여 안녕히 로 시작해서
나의 사랑 그대여 안녕히 JS 로 끝났다

마흔여덟 통의 사랑편지와
다른 한 통의 사랑편지는
편지봉투는 간혹 달랐지만
사랑하는 그대의 주소는 모두 같았다
우체국 소인이 찍히지 않은
우표가 붙어 있었다

|해설|

# '두두'의 최소 사건과 최소 언어

이 광 호




시인의 죽음 이후, 일 년이 지났다. 한 시인의 삶과 문학을 기억하기에 일 년이라는 시간은 길지 않았다. 그동안 시인을 추억하고, 그의 시와 시론을 재인식하는 글들이 쏟아져 나왔다. 그 수많은 '애도'의 담론들에 대해, 시인은 살아 있는 자의 입을 통해서는 응답하지 않는다. 그의 침묵은 그의 유고에 대한 자명한 증거일 것이다. 그런데 시인은 자신의 죽음 뒤에도 또 다른 방식으로 자신의 시적 발언을 멈추지 않는다. '유고 시집'은 시인의 죽음 뒤에 다시 시인의 시적 실천이 드러나는 사건이다. 유고 시집 속의 시들은 죽음 이전에 씌어진 것들이지만, 시인은 죽음 이후에 자기 존재를 문득 드러낸다. 시인은 이렇게 귀환한 것이다.

오규원 시인은 그의 생전의 마지막 시집 『새와 나무와 새

똥 그리고 돌멩이』(2005)를 출간할 당시, 짧은 시편들만 모은 시집을 따로 준비했던 것으로 전해진다. 이른바 '두두집(頭頭集)'[1]으로 명명된 이 시집은 그러나 전체의 분량 문제 등을 고려하여 출간을 유보한 것 같다. 그리고 시인의 사후에 그가 '두두집'으로 정리해 두었던 시편들은 이제 시집의 형태 안에서 드러나게 되었다. 시인은 시집 출간 이후에도 마지막 시간들까지 시를 썼고, 그 시편들은 '물물(物物)'이라는 이름으로 이 시집의 2부에 실리게 되었다. 그러니까 이 시집의 1부와 2부의 시들은 그 시의 외형적 길이 못지않게 약간의 시간적 편차가 있을 것으로 짐작된다.[2]

먼저 오규원 시인이 왜 이렇게 짧은 시 형식을 시도했는가를 살펴볼 필요가 있다. 오규원 시인의 후기 작업이 얼마나 엄정한 언어적 자의식과 시적 방법론 위에서 진행되었는가는 잘 알려져 있고, 그의 이론적 치열함이 그의 시에 대한 더 깊은 이해 혹은 시인의 의도와는 다른 독법을 불러오기도 했다. 하지만 이 시점에서 우리 앞에 있는 것은 오규원의 마지막 텍스트이고, 그 텍스트의 육체 안

---

1) 두두(頭頭)와 물물(物物)은 두두시도(頭頭是道), 물물전진(物物全眞)이라는 선가(禪家)의 말에서 시인이 빌려온 것으로, 모든 존재 하나하나가 도이며, 사물 하나하나가 모두 진리다는 의미이다.
2) '두두'와 '물물'이라는 오규원 시인의 명명은, 단어의 어감이 주는 단장(短長)의 호흡에서 비롯된 것으로 전해진다. '두두'와 '물물'의 시들을 자연스럽게 섞는 편집도 생각할 수 있으나, 그것이 시인이 '두두'의 시편들을 독립적으로 생각한 의도를 배반하는 것이기 때문에, 짧은 시편들을 분리하여 시집의 1부에 싣도록 했다.

에서 출발하는 것이 중요하다.[3] 시인은 자신의 시적 동력의 마지막 에너지를 집중시켜 한국 현대시 사상 최소 형식을 추구했으며, 그 최소 형식이 보여주는 언어적 투명성과 밀도를 만나는 것이 우선이다.

오규원이 짧은 시 형식을 시도했다고 해서, 그것이 일종의 선시(禪詩)적인 것의 시도로 받아들여진다면 그 역시 또 다른 오해를 낳게 될 것이다. 문자로 표현될 수 없는 것을 문자를 통해 표현하기 위한 '불립문자'의 세계, 돌발적인 기지와 침묵과 여백을 통해 섬광과도 같은 오도(悟道)의 경지를 보여주는 것이 선시라면, 오규원의 '두두시'는 그러한 깨달음의 경지를 목표로 하고 있는 것이 아니다. 오규원의 '두두시'가 보여주는 것은 언어 너머를 통해 다른 진리의 차원에 도달하는 것이 아니라, 최소의 이미지를 통해 '두두'의 동사적(動詞的) 사건성 자체를 드러내는 작업이다. 그것은 '돈오(頓悟)'의 세계가 아니라, 살아 있는 존재에 대한 상상적 공간이다. 또한 '두두시'는 인간 중심주의의 폐기라는 철학적 관점과 연관되어

---

[3] 이와 관련해서, 두 가지 작업이 필요하다고 생각된다. 우선은 오규원의 시론을 '괄호' 치고, 오규원의 시 텍스트 안에서 그 초기 시와 후기 시 사이의 내재적 연관성을 밝히는 일. 다른 하나는 오규원의 시작업을 '괄호' 치고, 오규원의 시론 안에서의 이론적 진화과정과 철학적 맥락을 구성하는 일이다. 이에 연관해서는 졸고, 「투명성의 시학—오규원 시론 연구」(『한국시학연구』 20호, 2007. 12)와 「투명성의 시학이 끝간 데」(『현대비평과 이론』 28호, 2007 가을·겨울) 참조. 그리고 이 해설 역시 앞의 두 글을 괄호 치고 시작된다.

있기는 하지만, 생태학적 혹은 환경론적 세계관만으로 설명되지 않는다. 생명에 대한 예찬을 인간 주체의 관점에서 동일화하는 시들과는 달리, 오규원의 '두두시'는 생명 혹은 환경이라는 가치와 이념으로 환원되지 않는 복수로서의 사물들, 그 투명한 존재성을 사건화하는 것을 보여 준다. 이를테면 이렇게 짧은 시.

> 잎이 가지를 떠난다 하늘이
> 그 자리를 허공에 맡긴다
> ──「나무와 허공」 전문

이 시집에서도 가장 최소의 언어가 동원된 이 시가 시로서 성립되는가를 묻고 싶은 독자도 있겠다. 이 안에 어떤 '시적인 것'이 있는가 의문을 표시할 수도 있을 것이다. 이 시는 단 두 문장으로 구성되어 있고, 두 문장은 '주어-목적어-서술어'의 간결한 구조로 만들어져 있다. 이 간결한 구조에는 행위가 포함되어 있고, 문장의 배치에 의해 행위의 시간적 순서가 암시되어 있다. 독자들은 앞의 문장의 행위와 뒤의 문장의 행위가 분명한 원인과 결과의 관계는 아니더라도 이에 준하는 영향의 관계라고 짐작할 수 있다. 두 개의 주어가 행하는 두 개의 행위 사이의 관계가 암시되어 있고, 이런 측면에서 이 두 문장은 어떤 '사건'을 드러내고 있다. 그 사건이 무엇을 의미하고 있는가를

규명하는 것은 불가능하며, 실제로 이 시가 그 사건의 모종의 원관념을 숨기고 있다고 말할 수는 없다. 다만 중요한 것은 그런 장면이 있다는 것이며, 그것이 '사건'이 되게 한 것은, 두 사물의 존재 상태에 어떤 관계를 부여한 시적 언술이다. '잎이 가지를 떠나는' 행위와, '하늘이 그 자리를 허공에 맡기는' 행위는 인과적 관계라기보다는 풍경의 한 순간에 포착된 최소 사건이다. 그 장면에서 존재의 행위와 다른 존재의 행위 사이의 '연쇄'를 드러내는 것이, 이 시의 '시적인' 국면이다. 물론 두번째 문장은 첫번째 문장에 비해 어떤 비유적 묘사의 영역이 개입되어 있지만, 중요한 것은 두번째 문장의 수사적 성취가 아니라, 두 문장-두 존재 사이의 '사건화'이다. '두두' 편에 포함된 오규원의 많은 시들이 '~과 ~'이라는 제목을 가지고, 두 사물의 존재 양태 사이의 관계와 연쇄를 드러내고 있는 것에 주목할 필요가 있다.

> 딱새 한 마리가 잡목림의
> 산뽕나무에 앉아
> 가지를 두 발로 내리누르고 있다
> 딱새의 그림자도
> 산뽕나무에서 내려가지 못하고
> 가까운 줄기에 바짝 붙어 있다
> ——「새와 그림자」 전문

가지에 걸려 있는 자기 그림자
주섬주섬 걷어내 몸에 붙이고
새 한 마리 날아가네
날개 없는 그림자 땅에 끌리네

―「새와 날개」 전문

두 편의 시는 모두 '새와 그림자'의 관계를 중심으로 기술되고 있다. 첫번째 시에서 딱새의 행위에 연쇄적으로 일어나는 것은 딱새의 그림자의 행위이다. 두번째 시에서 역시 새 한 마리의 행위에 이어지는 것은 그림자의 행위이다. 실제적으로 사물의 행위와 그 그림자의 행위는 동시적으로 일어나는 것으로 볼 수 있다. 그것은 단지 원인과 결과의 관계가 아니라, 이미 한 존재의 행위로 생각할 수 있다. 그런데 이 시들에서 사물과 그 사물의 그림자는 각기 다른 주체가 된다. 마치 하나의 사물의 행위가 먼저 일어나고 연쇄적으로 그 사물의 그림자라는 그 옆의 다른 존재의 행위가 일어나는 것처럼 묘사된다. 이 시들에서 새와 그림자의 관계는 주와 종의 관계가 아니다. 서로 이웃한 존재가 순차적으로 자기 존재의 이동을 보여주는 사건으로 드러난다. 이런 방식으로 존재와 존재의 그림자는 서로 연대하는 존재로서 따로 또 같이 움직인다.

나무 밑에는 그늘과

그늘에서 뭉개지다가 남은 발자국

그곳으로 가는 길

      ——「발자국과 길」 전문


산뽕나무 잎 위에 알몸의 햇볕이

가득하게 눕네

그 몸 너무 환하고 부드러워

곁에 있던 새가 비껴 앉네

      ——「나무와 햇볕」 전문


 '그늘'과 '햇볕'은 또 어떤가? 그곳은 빛의 각도에 의해 마련된 공간이다. 빛은 모든 사물을 투과하는 것이 아니라, 사물의 형태에 의해 굴절되거나 변형된다. 나무 밑의 그늘을 만드는 것은 빛이면서 동시에 나무의 형태이다. 나무와 그늘 사이에는 이미 어떤 상호작용이 존재한다. 그 그늘 밑에 남은 발자국은 그늘의 공간 속에 남아 있는 흔적이다. 그 흔적은 하나의 생명이 갖는 움직임과 그 방향성을 보여준다. 그래서 그늘과 그늘의 발자국은 존재의 움직임이 있었던 흔적, 그 흔적의 사건성을 드러낸다. 나무에 누운 햇볕은 능동적으로 그곳에 찾아와 눕는 알몸이 된다. 그 알몸의 환하고 부드러움은 그 산뽕나무 잎에 함께 있던 새로 하여금 비껴 앉게 만든다. 햇볕의 각도와 새의 움직임이 분명한 인과적 관계를 형성한다는 증거는 없을지 모른다. 나무라는 공간에 함께 존재하는 햇볕과 새의 관계를 어떤 상호작용의 움직임으로 포착하는 것이 이 시의 시적 사건성이다.

> 여러 곳이 끊겼어도
> 길은 길이어서
> 나무는 비켜서고
> 바위는 물러앉고
> 굴러 내린 돌은 그러나
> 길이 버리지 못하고
> 들고 있다
> ──「산과 길」 전문

> 바위 옆에는 바위가
> 자기 몸에 속하지 않는다고
> 몸 밖에 내놓은
> 층층나무
> 한 그루가 있습니다
> 붉나무도
> 한 그루 있습니다
> ──「층층나무와 길」 전문

여기 '길'의 풍경이 있다. 첫번째 시에서 길의 정체성은 나무와 바위와의 상호작용에 의해 유지된다. 길은 길이기 때문에, "나무는 비켜서고/바위는 물러앉고" 있는 법이다. 그러니까 길의 정체성을 만드는 것은, 오로지 길 자신이기보다는 나무와 바위의 작용이다. 그 길 위에 남은 돌은, 길을 훼손하는 것이기보다는, 길이 길임에도 불구하고 버리지 못하는 어떤 것이다. 길은 그렇게 주위의 사물들을 통해 자기 존재성을 드러낸다. 두번째 시에서 역시 길의 풍경을 만드는 것은 '층층나무'이다. 층층나무 역시 혼자 존재하는 것이 아니라, 바위가 '몸 밖으로 내놓은' 존재이다. 층층나무는 바위에 의해 길 옆에 위치하고, 그 층층나무의 존재로 인해 길은 또한 길의 이미지를 구체화한다.

콩새가 산수유나무 밑을 뒤지고
오목눈이들이 무리 지어 언덕에서 풀씨를 뒤질 때

식탁 위의 감자튀김(올리브유에 튀긴)
내가 뒤지는
　　　　　　　　　　　　　　——「겨울 a」 전문


배추김치를 텃밭 한구석에 묻고
파김치를 그 옆에 묻고

언덕에서는 잡목림 밑에
발자국을 묻고 있는 지빠귀

——「겨울 b」 전문

앞에서 물리적 공간에서 이웃한 사물들 사이의 움직임의 연쇄, 혹은 그 연쇄 속에서 존재의 상호작용을 드러내는 장면들을 보았다. 위의 시는 이와는 다른 장면들을 보여준다. "콩새가 산수유 밑을 뒤지고/오목눈이들이 무리 지어 언덕에서 풀씨를 뒤지는" 사건과 "식탁 위에서 감자튀김"을 "내가 뒤지는" 장면은 물리적으로 이웃한 곳에서 일어나는 일이 아니다. 다른 공간의 사건이 같은 시간대에 일어나는 상황을 묘사한다. 동시간대에 일어나는 '뒤진다'라는 행위,라는 측면에서 그것은 연쇄적인 사건으로 드러난다. 두번째 시의 경우는 '묻는다'라는 행위에 의해 연계되어 있다. 텃밭 한구석에 배추김치와 파김치를 묻는 행위와 언덕에서 잡목림에 지빠귀가 발자국을 묻는 행위는 공간적으로 이웃한 사건은 아니지만, 같은 시간 때에 '묻는' 행위라는 측면에서 연쇄적인 사건이 된다. 그러니까 오규원의 시에서 행위와 행위의 연쇄, 사건과 사건의 연쇄, 존재와 존재의 연쇄는 물리적 공간 위의 상호작용뿐만 아니라, 각기 다른 공간에서 작동하는 동시간적 공간 위의 연쇄를 포함한다. 그래서,

어젯밤 어둠이 울타리 밑에
제비꽃 하나 더 만들어
매달아놓았네
제비꽃 밑에 제비꽃의 그늘도
하나 붙여놓았네

——「봄과 밤」 전문

　위의 시와 같은 경우, '어둠'과 '제비꽃'과 '제비꽃의 그늘'은 다른 시간대에 벌어지는 사건들이지만, 그 관계는 '어둠→제비꽃→그늘'의 창조의 연쇄가 이루어지는 것처럼 묘사된다. 이런 존재의 시간적 연쇄는 사물들의 상호작용 속에서 존재가 하나의 움직임, 하나의 동사적 사건으로 드러나게 만든다. '두두'의 서시는 그런 존재의 연쇄에 대한 가장 장엄한 어조로 울려 퍼진다.

　그대 몸이 열리면 거기 산이 있어 해가 솟아오르리라, 계곡의 물이 계곡을 더욱 깊게 하리라, 밤이 오고 별이 오고 별이 몸을 태워 아침을 맞이하리라

——「그대와 산—서시」 전문

　마치 우주적 창조의 장면을 떠올리는 이 시에는 '몸이 열림' '해가 솟음' '밤과 별이 옴' '아침을 맞이함'과 같은 시간적 운행의 순서를 보여준다. 이런 시간적 연쇄들이

'~하면' '~하고'와 같은 접속사로 연결되어 있는데, 그 사이에 인과적 관계 혹은 주종의 관계와는 다른 존재의 연관성이 부각되고 있다. '그대 몸'이 이 시의 최초의 주체이기는 하지만, '그대 몸'이 그다음의 모든 사건들을 관장하는 하나의 주체가 결코 아니다. '산' '해' '물' '밤' '별'은 이 짧은 시 안에서 각각 하나하나의 주체들이다. 단수로서의 주체가 아니라, 복수로서의 주체들의 동사적(動詞的) 연쇄를 보여주는 사건, 그것이 '두두시'의 미학이다.

'물물' 편에는 '두두'의 짧은 시편들과는 다른, 조금 긴 호흡의 최근 작품들이 모여 있다. 그러나 이 역시 몇 편을 제외하고는 긴 시들을 만나기는 어려워서, 오규원 시인의 마지막 작업이 '최소 언어'에 집중되고 있다는 것을 다시 한 번 확인시킨다.

> 라일락 나무 밑에는 라일락 나무의 고요가 있다
> 바람이 나무 밑에서 그림자를 흔들어도 고요는 고요하다
> 비비추 밑에는 비비추의 고요가 쌓여 있고
> 때죽나무 밑에는 개미들이 줄을 지어
> 때죽나무의 고요를 밟으며 가고 있다
> 창 앞의 장미 한 송이는 위의 고요에서 아래의
> 고요로 지고 있다
> ——「고요」 전문

'고요'라는 것은 사물의 상태를 표현하는 단어이다. 그것은 소리에 관한 것이기도 하고, 움직임에 관한 것이기도 하다. 그 고요는 풍경이나 사물에 대한 주체의 시선, 혹은 감각적 판단과 관계되어 있다. 풍경이 고요하다면, 그것을 고요하다고 느끼고 판단하는 주체의 지위가 전제되어 있는 것이다. 그런데 보자. '라일락 나무'와 '비비추'와 '때죽나무'와 '장미 한 송이'는 각각 자기의 고요를 갖고 있다. 심지어 "고요는 고요하다"라는 문장에서 드러나는 바, 고요 자체 역시 하나의 주어이다. 고요는 풍경에 대한 시적 주체의 판단의 문제가 아니라, 사물들이 각각의 존재방식 그 자체이다. 그리고 그 사물들은, 바로 이 고요라는 존재방식을 매개로 하여 연쇄되어 있다. 마지막 행에서 보여주는 것처럼, 고요는 단지 상태가 아니라, 행위이다. 장미 한 송이가 지는 장면은 고요의 상태가 아니라, 고요의 움직임, 고요의 사건이다. "위의 고요에서 아래의/고요로 지고 있다"라는 절묘한 표현이 드리내주는 것처럼, 고요에는 시간성이 있다. 고요는 움직인다. 고요는 고요에서 고요로 시간의 몸을 갖는다.

뜰 앞의 잣나무로 한 무리의 새가

날아와 자리를 잡고 앉는다

그래도 잣나무는 잣나무로 서 있고

잣나무 앞에서 나는 피가 붉다

발가락이 간지럽다

뒷짐 진 손에 단추가 들어 있다

내 앞에서 눈이 눈이 온다

잣나무 앞에서 나는 몸이 따뜻하다

잣나무 앞에서 나는 입이 있다
　　　　　　　　　——「잣나무와 나」 전문

　일반적인 서정시의 세계관적 구조 안에서 '잣나무'와 '나'의 관계는 동일화의 맥락 안에 위치한다. 다시 말하면, '내가 잣나무를 본다 혹은 의식한다'라는 명제는 '나'의 인간적 관점과 정서 안에서 잣나무의 어떤 특질을 '동화' 혹은 '투사'하는 작업을 의미한다. 하지만 이 시에서 '잣나무'와 '나'는 하나의 동일화된 정서적 덩어리 속으로 묶이지 않는다. '잣나무는 잣나무로 서 있다'라는 것이 단

순하고도 자명한 잣나무의 존재방식이라면, 그 잣나무 앞에서 "피가 붉다" "발가락이 간지럽다" "몸이 따뜻하다" "입이 있다"라는 몸에 관련된 간명한 묘사들은, 잣나무의 존재성과 나란히 있는 '나'의 존재성을 드러내줄 뿐이다. 그러니까 잣나무가 있기 때문에 '내'가 있거나 '내'가 있기 때문에 잣나무가 있는 것이 아니라, 잣나무는 있고, 그 앞에서 또한 '나'도 있는 것이다. 물론 '내 몸'의 내부가 잣나무 앞이라는 조건에 의해서 어떤 변화를 경험했을 수도 있다. 하지만 그런 경우도, 잣나무와 '나'의 존재론적 연쇄작용은 원인과 결과의 관계는 아니다. 존재의 상호작용은, 하나의 몸이 있고, 그 몸의 옆에 또 하나의 몸이 있다, 혹은 하나의 몸이 움직이고, 그 옆에서 다른 몸도 움직인다,라는 기본적인 사건을 보여줄 뿐이다.

> 길에 그림자는 눕고 사내는 서 있다
> 앞으로 뻗은 길은 하늘로 들어가고 있다
> 사내는 그러나 길을 보지 않고 산을 보고
> 사내의 몸에는 허공이 달라붙어 있다
> 옷에 붙은 허공이 바람에 펄럭인다
> 그림자는 그러나 길이 되어 있다
> ─「길」 전문

강변에 오토바이를 세워놓고 집배원이

소변을 보고 있다
물줄기가 들찔레를 흔들면서 떨어진다
근처에 있던 뱀이 슬그머니
몸을 감춘다
강은 물이 많이 불었다

—「여름」전문

위의 시들은 '두두시'에 가까운 형태를 보여준다. 첫번째 시가 존재들의 공간적 연쇄성을 보여준다면, 뒤의 시는 그 공간적 연쇄성의 거리를 벌려놓고, 그 안에 다른 차원의 시간성을 스며들게 한다. 첫번째 시에서 '길'이라는 공간 위에 존재하는 '사내'와 '사내의 몸'과 '사내의 그림자,' 그리고 '허공'은 각기 다른 복수의 주어로서 그렇게 위치한다. 그 복수의 주체들은 각기 다른 방향으로 행위하고 그 행위의 장소로서 길은 전체적 이미지의 프레임을 만들어준다. 두번째 시에는 세 개의 장면이 등장한다. 집배원이 강변에서 소변을 보는 장면, 뱀이 슬그머니 몸을 감추는 장면, 그리고 강의 물이 많이 불어나는 장면이다. 첫번째 장면과 두번째 장면은 공간적 인접성을 갖고 있기 때문에, 그것이 어떤 영향 관계에 있음을 짐작할 수 있다. 문제는 세번째 장면이다. 강물이 불어난 것은 여러 가지 원인이 있을 수 있다. 시의 제목을 참고한다면 여름이니까 비가 많이 와서 강의 물이 불어났을 가능성도 있다. 그런데 앞에서 강변에서 집배원이 소변 보는 장면이 등장한 바 있다. 그 장면 때문에 집배원의 소변과 불어난 강물과의 어떤 영향 관계를 유추할 수 있게 된다. 그 영향 관계란 물론 논리적인 추리의 과정도 아니며, 과학적인 분명한 근거를 갖는 것도 아니다. 문제는 이 장면들의 병치를 통해 이들 사이의 미세한 연쇄적 관계성이 '시적'으로 드러나게 된다는 것이다. 그 틈새에서 독자는 그 연쇄성에 대해 상상적 참여를 할 수 있게 된다.

구멍이 하나 있다 바닥이 보이지 않는

지나가는 새의 그림자가 들어왔다가

급히 나와 새와 함께 사라지는 구멍이 하나 있다

때로 바람이 와서 이상한 소리를 내다가

둘이 모두 자취를 감추는 구멍이 하나 있다
——「구멍 하나」 전문

'구멍'이란 무엇인가? 이것을 어떤 관념에 대한 비유라고 생각하지는 말자. 우선 독자의 눈앞에 그런 구멍이 존재할 수 있다는 가정에서 출발하자. 만약 바닥을 알 수 없는 구멍이 지상에 있다면, 그 구멍으로 날아가는 새의 그림자는 들어갔다가 나올 것이다. 새는 그 구멍으로 들어가지 않지만, 새의 그림자는 그 구멍 안에 들어갔다가 빠져나올 것이다. 바람도 그 구멍에 잠시 머물다 자취를 감출 것이다. 문제는 그 구멍의 존재를 통해, 삶에 대한 어떤 관념에 도달하는 것이 아니라, 그 구멍이라는 이미지 자체의 사실성이 어떤 시적 상상의 차원으로 독자를 인도하는 공간이 된다는 점이다. 바닥 없는 구멍이 하나 있다라는 구멍의 존재론이, 구멍에 대한 비유적 관념을 비껴가서, 구멍 속을 들락거리는 존재들의 움직임에 대한 상상적 공간을 열어주는 차원.

오규원의 마지막 시들은 이렇게 시적 언어가 가닿을 수 있는 최대치의 투명성을 시도했다. 그 시도는 '두두'와 '물물' 들의 있음 혹은 이웃해 있음, 또한 그것들의 움직임 혹은 연쇄적인 움직임을 포착한다. 그것은 '이야기'가 되기 이전의 '최소 사건'을 보여준다. 이야기의 차원이 되었을 때, 거기에는 이념의 개입이 시작될 것이다. 사물들의 최소 사건에는 서사 이전의 동사적(動詞的) 존재론이 드러난다. 사물들의 살아 있는 움직임을 묘사하는 일은 사물을 동원한 명사적(名詞的) 비유가 아니라, 존재에의 경험으로서 제시된다. 그러기 위해 그의 언어는 한없이 간명했고, 극도의 투명성을 추구하는 최소 언어가 될 수 밖에 없다. 그의 최소 언어는 단지 정제된 시어를 구사한다는 의미가 아니다. 언어가 사물에 대한 덫이 아니라, 사물의 존재방식에 대한 상상적 공간을 열어주는 계기가 되기 위해, 그의 언어는 그토록 맑고도 정밀했다. 오규원의 시는 어떤 독법도 감당할 수 있을 만큼 열려 있다. 시 언어의 방법론에 대한 저 극한적인 모색은 어떤 현대의 시인도 넘어서지 않은 경계에 다다랐다. 그 시적 탐구의 치열성은 그에 대한 어떤 독법보다도 깊다. 그가 아니라면, 그 누가 "끝없이 투명해지고자 하는 어떤 욕망으로 여기까지 왔다"라고 술회할 수 있을까?

   지난해 그의 부음을 전해 들은 것은 안산에서 서울로 가는 고속도로 위에서였다. 그 길 위에서 먹먹한 한순간, 그러나 차를 멈추지는 못했다. 그리고 다시 그 겨울의 길 위에 있다. 지상의 차가운 공기는 시인의 약한 육체를 괴롭혔겠지만, 어떤 치장도 수사도 박탈당한 겨울의 최소 풍경은 그의 시와 그의 정신과 그의 몸을 닮아 있다. 이제 다시 이 겨울의 새로운 끝에 닿기 전에 그에 대한 애도를 마감해야 하리라. 그리고 그의 뜨거운 시적 귀환, 한국 문학을 향해 그가 던진 최후의 질문을 사유하자.